中国古代的
法律形式

吉林出版集团有限责任公司
吉林文史出版社

◎ 主编 金开诚

◎ 编著 李翠翠

图书在版编目（CIP）数据

中国古代的法律形式 / 李翠翠编著 . 一长春：吉林出版集团有限责任公司，2011.4（2022.1重印）

ISBN 978-7-5463-4974-9

Ⅰ.①中… Ⅱ.①李… Ⅲ.①法制史－中国－古代 Ⅳ.①D929.2

中国版本图书馆 CIP 数据核字（2011）第 053397 号

中国古代的法律形式

ZHONGGUO GUDAI DE FALV XINGSHI

主编/ 金开诚 编著/李翠翠

项目负责/崔博华 责任编辑/崔博华 邱 荷

责任校对/邱 荷 装帧设计/柳甬泽 张红霞

出版发行/吉林文史出版社 吉林出版集团有限责任公司

地址/长春市人民大街4646号 邮编/130021

电话/0431-86037503 传真/0431-86037589

印刷 / 三河市金兆印刷装订有限公司

版次/2011年4月第1版 2022年1月第5次印刷

开本/640mm×920mm 1/16

印张/9 字数/30千

书号/ISBN 978-7-5463-4974-9

定价/ 34.80元

关于《中国文化知识读本》

　　文化是一种社会现象，是人类物质文明和精神文明有机融合的产物；同时又是一种历史现象，是社会的历史沉积。当今世界，随着经济全球化进程的加快，人们也越来越重视本民族的文化。我们只有加强对本民族文化的继承和创新，才能更好地弘扬民族精神，增强民族凝聚力。历史经验告诉我们，任何一个民族要想屹立于世界民族之林，必须具有自尊、自信、自强的民族意识。文化是维系一个民族生存和发展的强大动力。一个民族的存在依赖文化，文化的解体就是一个民族的消亡。

　　随着我国综合国力的日益强大，广大民众对重塑民族自尊心和自豪感的愿望日益迫切。作为民族大家庭中的一员，将源远流长、博大精深的中国文化继承并传播给广大群众，特别是青年一代，是我们出版人义不容辞的责任。

　　《中国文化知识读本》是由吉林出版集团有限责任公司和吉林文史出版社组织国内知名专家学者编写的一套旨在传播中华五千年优秀传统文化，提高全民文化修养的大型知识读本。该书在深入挖掘和整理中华优秀传统文化成果的同时，结合社会发展，注入了时代精神。书中优美生动的文字、简明通俗的语言、图文并茂的形式，把中国文化中的物态文化、制度文化、行为文化、精神文化等知识要点全面展示给读者。点点滴滴的文化知识仿佛繁星，组成了灿烂辉煌的中国文化的天穹。

　　希望本书能为弘扬中华五千年优秀传统文化、增强各民族团结、构建社会主义和谐社会尽一份绵薄之力，也坚信我们的中华民族一定能够早日实现伟大复兴！

目录

一、法律形式的历史演变

（一）历代王朝的法典变化及法律形式

下面简要介绍历朝历代法律形式的名称及不同名称所代表的具体含义。

1. 先秦时期

夏、商、周三代的法律属于奴隶制法律，以习惯法为主。夏、商两代的法律分别是《禹刑》和《汤刑》，西周的法律主要是《九刑》，根据史书记载："夏有乱政，而作《禹刑》。商有乱政，而作《汤刑》。周有乱政，而作《九刑》。"(《左传·昭公六年》)《禹刑》《汤刑》《九刑》的内容主要是刑法规范，其性质相当于现代的刑法典。春秋初期，各诸侯国基本沿袭西周的法律。但到春秋末期，法律制度开始发生重大变革，法制逐步走向封建化。郑国子产制"铸刑书"、晋国赵鞅制"铸刑鼎"、郑国邓析制"竹刑"，

并首次开始向社会公布，对后世成文法典的发展具有深远的影响。

夏、商、西周的法律形式：

夏朝的法律形式是誓，商朝除了誓外，还有诰和命等。西周在夏商法律形式的基础上，出现了礼、遗训和殷彝。

誓，带有军令性质的誓词。诰，统治者关于施政的训令。命，周王就具体事务临时向行政机关发布的命令。礼，是一个综合性的概念，包括多种规范内容。遗训，先王发布的誓命。殷彝，商朝法律规定中有利于周朝统治的那些内

容。

2.战国、秦、汉时期

战国时魏相李悝制定了封建社会第一部系统的法典《法经》，其内容包括《盗法》《贼法》《囚法》《捕法》《杂法》《具法》共六篇，标志着中国古代立法技术已开始走向成熟。它所采取的篇章结构和编排体例为后世所接受，对后来的封建法典产生了很大的影响。商鞅入秦为相，直接把《法经》带到秦国，他改法为律，以《法经》为蓝本制定秦律，从此律遂作为法的主要表现形式在以后各代的成文法典中广为使用。秦始皇统一中国后，采取了在全国统一法律的措施，取消六国法律，改行秦律。汉朝刘邦参考秦律制定汉律。萧何在秦代施行的《法经》六篇之后，增加《户律》《兴律》《厩律》三篇，同《法经》一起合为九章，史称《九章律》。除《九章律》外，汉高祖还命叔孙通制定《傍章律》。汉武帝时廷尉张汤作有《越宫律》二十七篇。御史赵禹作《朝律》六篇。《九章律》《傍章律》《越宫律》《朝律》，统称为"汉律六十篇"。

秦朝的法律形式：

律，商鞅改法为律，律自秦始。律是秦朝最基本的法律形式，为后世的法典化奠定了基础。令，秦朝的命、令、制、诏，在法律意义上没有原则性的区别，都是皇帝针对特定的事项、特定的对象临时发布的命令、批示等。式，式作为一种法律形式，最早出现于秦。是

关于案件的调查、勘验、审讯等的程序、文书程式以及对司法管理审理案件的要求。法律答问，是指国家官吏统一用问答形式对秦律条文、术语以及立法意图所作解释，类似后世的律疏，是我国古代注疏法律的滥觞。廷行事，司法机关的判例。

汉朝的法律形式：

律，基本法律形式，即通常所说的"法典"。令，皇帝的命令，也叫诏或诏令。令是根据需要，随时颁布的单行法规。它的法律效力高于律，可以变更或代替

律的有关规定。科，即针对某类事的一个方面制定的单行法规。比，也叫决事比，即可以用来作为比照断案的典型判例。

3. 三国、两晋、南北朝时期

东汉后，魏明帝命尚书陈群等制《魏律》十八篇。《魏律》较之汉律篇目有所增加，同时将《具律》改为《刑名》，置于律首。曹魏末年开始制定《晋律》，历经四年完成，于晋武帝泰始三年始成，共二十篇。《晋律》较之《魏律》，有了重大发展，将《魏律》的《刑名》分为《刑名》

和《法例》两篇，仍置于律首，并对篇章的设置进行了调整，使其更加合理完善。同时，由于有律学家张斐作《律解》、杜预撰《律本》，使得《晋律》从整体上看，比以往的法典更加规范、科学。北魏建立后，孝文帝于太和十年制定了《北魏律》二十卷。564 年，齐武成帝在《北魏律》的基础上制定《北齐律》十二篇，共九百四十九条，将《刑名》《法例》合为一篇，称为《名例》，仍置于全律之首，它是三国、两晋、南北朝时期立法成就最高、对后世影响最直接、最深远的一部法典，自此以后，这一法典体例基本未变。

南北朝时期的法律形式：

律，基本法律形式，即通常所说的"法典"。科，汉朝到南北朝时期的法律形式，科的意思是断，所以依法断罪叫做科罪。比，比也是两汉到南北朝时期的法律形式，也是一种审判原则。如果律中没有明确规定，可以用相似的律条定罪，这叫做比。

4. 隋、唐时期

隋文帝统一全国后，为了稳定政权，进行了一系列改革，在法律制度方面，以

《北齐律》为蓝本，制定了著名的《开皇律》十二篇，共五百条。它使得中国封建法典的体例开始定型。隋朝除《开皇律》外，还颁行过《开皇令》《大业律》等，但与《开皇律》相比，内容都基本相同。唐代在借鉴《开皇律》的基础上，相继制定了《武德律》十二篇《贞观律》十二篇《永徽律》十二篇、《开元律》等，另外，唐代的重要立法还有《唐六典》。但在唐代法律中最能体现中华法系精神，并对后世产生深远影响的法典当首推《永徽律疏》，即

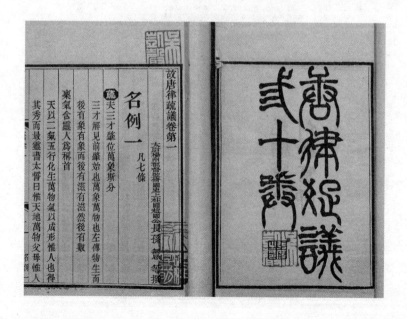

后人所言的《唐律疏议》。

唐朝的法律形式主要有：

律，是基本法律形式，相当于近代的法典。具有相对稳定性，有完整的结构体系，内容相当广泛，各个部门的法律内容都合编在一起。违反其他法律规定，都以律所规定的刑罚处理。令，是确立和规定国家基本政治体制和基本制度的法规，主要是关于行政性的指令。格，国家机关各部门在日常工作中据以办事的行政法规，官吏应遵守的法规。式，是国家机关的公文程式和账籍报表以及各项行政事务具体操作管理。

5. 宋、元、明、清时期

960 年，宋太祖赵匡胤建立了宋朝，并于建隆四年编纂了宋朝第一部刑事法典——《宋建隆重详定刑统》，史称《宋刑统》，成为我国历史上第一部刊印颁行的封建法典。《宋刑统》的编纂体例仿照唐宣宗时颁行的《大中刑律统类》，以

刑律为主，律文之后附以经过选录的敕、令、格、式中的刑事规范，从而形成了律、敕并重合编的形式。同时《宋刑统》在每律下详细分门，十二篇的五百零二条共分为二百一十三门，将性质相同或相通的律条及有关的敕、令、格、式等条文作为一门，体例逐渐发生变化。元朝建立后，制定了第一部法典《至元新格》。英宗又以前朝为基础，仿照唐、宋旧律篇目，修订成一部新的法典《大元通制》二十篇，共两千五百三十九条。其内容由诏制、条格、断例组成，下分十一目，这也成为元代基本的法律形式。此后又有地方政府汇编而成的法规大全《大元圣政国朝典章》六十卷，下设三百七十三目，目下还有条格。元末还曾颁布了《至元条格》两千九百条，内容包括制诏、条格、断例等。

宋朝的法律形式比较有特色，有：

断例，即判案的成例。指挥，指尚

书省和中央其他官署对某事所作的指示或决定，对以后的同类事件有约束力，往往与敕、令并行。申明，中央主管官署就某项法令所作的解释。看详，中央主管官署根据过去敕文或其他案卷所作出的决定。

明朝的法律形式包括律、诰、例、典。

律，明朝基本的法律形式，即以法典形式将诸法合为一体。诰，由皇帝钦定同律具有同等法律效力的法规形式。例，就是判例或事例。典，规定各行政机关职掌和事例。

（二）主要法律形式的释义

1.刑，在夏、商、西周和春秋时期通用。其含义和法相同，基本指刑律，不指刑罚。后来，刑称为法或律，战国以后常指肉刑或刑罚。

2.法，这是商鞅变法之前的常用法律形式，春秋战国时期，各国变法时都以法为名称，如魏国的《法经》，晋国的《被庐之法》。到商鞅变法将法改为律后，法仅仅在广义上使用。

3.律，这是商鞅变法后中国古代常

用的法律形式，应用广泛，如秦的《田律》，汉朝《九章律》，魏晋之后，有《魏律》《晋律》《北齐律》《隋律》《唐律》《大明律》《大清律》。

4. 令，统治者就某一具体事务颁布的命令。是律的辅助性法律，在隋唐时期有专门法典，如《开皇令》和《贞观令》。

5. 典，最早出现于唐朝的《唐六典》，是中国历史上第一部行政法典。后来的朝代都有此类法典。

6. 式，这是关于官吏具体行为的专门法律，范围非常广泛。式在唐朝还有

一定地位，是唐朝律令格式法律体系的重要组成部分，但到了元明清时期，地位下降了很多，不再起主要作用。

7. 格，格也是一种行政法规。格作为独立的法律形式，最早出现于东魏的《麟趾格》。明清时将格的内容归入了会典和其他形式的法规，不再独立。

8. 科，汉朝到南北朝时期的法律形式，科的意思是断，所以依法断罪叫做科罪。在隋唐以后，敕的地位重要，科为敕和格所代替。

9. 比，比是两汉到南北朝时期的法律形式，也是一种审判原则。如果律中没有明确规定，可以用相似的律条定罪，这叫做比。因为这样类推断案，出现了司法腐败现象。到汉朝以后，比不存在，内容被吸收进其他法律形式里边。但是类推形式在古代一直存在。

10. 例，和比一样，例也是一种断罪原则，也是秦、汉、唐、宋、明、清时期的法律形式，但名称不同。秦称"廷行事"，即法庭成例。汉朝称为"故事"，即以《春秋》中已有的故事作为断罪的

依据。到了明清时，例和律并行，日益
重要，在清朝时，例的效力甚至高过了律。

11. 诏，是古代皇帝发布的命令，也
是很重要的一种法律形式，又叫诏令。
皇帝的诏令经常具有最高的法律效力。
既可以认可、公布法律，也可以改变、
废除法律。

除了以上的法律形式之外，还有敕、
诰、命、制、程等等。值得注意的是，
中国古代是专制集权社会，皇帝的权力
是至高无上的，所以，他可以用诏、敕、
诰等法律形式来发布新的命令，任意破
坏现存的法律。这就构成了中国古代法
律的最重要的一个特点：法自君出。

（三）唐代的法律形式及其性质

之所以将唐代的法律形式特别加以阐述，是因为唐律在法律文化发展史上占有十分重要的地位。唐律的产生不是偶然的，只有在物质文明与精神文明都已达到前所未有的高度时，才有可能出现规范如此详密，法理如此明晰，体例如此严整的唐律。

现在的《唐律疏议》是我国目前为止保存下来最早、最完整的封建法典。它不仅是唐朝统治者手中赖以司法的重

要根据，也为唐以后的历代王朝树立了编制封建法典的榜样。由于唐律是成熟的封建法典，是中华法系的典型体现，因此，成为学习的重点对象，并被广泛移植。唐律的影响不限于中国境内，也影响到与中国相邻的其他国家。特别是朝鲜、日本、越南等国的古代立法，都深受唐律的影响。

唐朝的法律形式有以下几种：律、令、格、式、敕、典、例等。

律是唐代最主要的法律形式，即狭义的"唐律"。正所谓"律以正罪名"。

唐代律的主要作用也是"正刑定罪"。唐初在武德、贞观、永徽年间曾三次较大规模的修定唐律；此外，在垂拱、开元时甚至重新勘定唐律。尤其是在永徽三年（652年），长孙无忌等又对唐律逐条逐句进行了疏解。今本《唐律疏议》即是《永徽律疏》在开元二十五年（737年）颁行的版本，共十二篇，二十卷，五百零二条。律在各种法律形式中最为稳定，地位也最高，规定了各种刑法原则和各种犯罪的认定与科刑的标准。

　　令的作用是"设范之制"，是有关国家组织制度方面的规定，所谓"令者，尊卑贵贱之等数，国家之制度也"（《新唐书·刑法志》）。令所涉及内容包括官员的设置、品秩、俸禄、选举、考课、礼仪，及户口、田制、赋役、仓库、厩牧、关市、医疾等制度方面的规定。可以说，唐代的令就是规定国家制度的管理条例。唐前期在武德、贞观、永徽及开元年间都曾修令。据《唐六典·尚书刑部》载，唐令有二十七篇，分三十卷，共一千五百四十六条，完整的唐令已散失。日本学者仁萨田升辑《唐令拾遗》一书，复原唐令七百一十五条，几乎占原唐令的一半，并按篇目及颁令时间编排，使我们得以了解唐令的概貌，具有很高的学术价值。

格的作用是"禁违止邪"。唐代皇帝十分重视格的编纂、删定。格是本朝及前朝皇帝临时颁布的针对具体违法、违令行为进行刑事镇压或行政处罚的制敕，经有关部门整理，加工修改，去掉重复及相抵触的内容，按尚书省二十四曹分目，分门别类汇编而成单行法规，在某种程度上具有刑事特别法或行政特别法的性质，其效力往往大于唐律本身。这些按部门分类的条格，留于本司行用的，叫"留司格"；颁行于天下诸州县共享的，叫"散颁格"。唐太宗贞观时删格

敕三千余件，定留七百条，为格十八卷。高宗永徽年间定《留司格》十八卷，《散颁格》七卷。其后，武则天、中宗、睿宗、玄宗及文宗等朝都多次删定格敕。删定格敕成为唐中后期立法的重要内容。因为格涉及的内容十分广泛，而且比较具体，使用起来又较灵活，故在唐代司法中以格定罪量刑是很普遍的。

式的作用是"轨物程事"。唐初武德定式十四卷。贞观修律，定式三十三卷。垂拱删式为二十卷，其后《神龙式》《开

元式》并为二十卷，但其篇目为三十三篇，"亦以尚书省列曹及秘书、太常、司农、光禄、太仆、太府、少府及监门、宿卫、计账名其篇目"（《旧唐书·刑法志》）。唐式今亦散失，古籍中仍可见一些条文，如《唐律疏议》的疏文中有多处引用"式"文，计有《刑部式》《职方式》《监门式》《兵部式》《礼部式》《户部式》等。现藏于法国巴黎国立图书馆的敦煌文书中，有一长达一百四十四行的《开元水部式》，存式文三十五条，内容是唐尚书省水部对全国重要的河流、水渠、渡

口、桥梁的监管，对漕运、海运的管理，其细密程度达到所需器材、工匠的数目、出处都有详细规定。由此我们可以看出，式是中央行政部门发布的部门法规，相当于现代行政部门颁布的"实施细则"。

敕是以皇帝名义发布的行政命令，又称"诏敕"或是"制敕"，其内容庞杂，涉及面广，大多为临时针对事件或具体某人而发，不具有永久的法律效力。据《唐六典·中书省中书令》载，唐代皇帝的制敕有七种，分别是：册书、制书、慰劳制书、发日敕、敕旨、论事敕书、敕牒。其中只有敕旨"谓百司承旨而为程序，奏事请施行者"，多为法规；其他则不可为

法援用，如敕牒是"随事承旨，不易旧
典则用之"，仅针对一时一事而发，并不
改变现行法律的行用现状。皇帝发敕日
多，哪些制敕可作为法律引用，哪些不
具法律效力，往往不易弄清。景龙三年
（709年）中宗发敕："其制敕不言，自今
以后，及永为例程者，不得攀引为例"（《唐
会要·定格令》）。反过来即说明其制敕
明文写有"永为例程"者即可作为法规
援引。《唐律疏议·断狱律》中设有专条，
禁止辄引制敕断罪，规定："诸制敕断罪，
临时处分，不为永格者，不得引为后比。
若辄引，致罪有出入者，以故失论。"这
里是说制敕只有成为"永格"，才真正具
有法律效力。而"格"就是将这样的制敕，
经过整理、修订、重新编排，再正式颁布，

成为正式的法规。到了唐中后期时，制敕繁多，故特将制敕中具有法律效力的部分直接编为"格后敕"，加以颁行。唐自玄宗开元十九年（731年）始颁《格后长行敕》，直到唐末、五代乃至宋，编敕成为立法的主要内容。敕的法律效力也日益提高。

典本身就是法的意思，《周礼·天官》中载："大宰之职，掌建邦之六典。"其中"六典"就是六官之典，是关于官制的法规。唐玄宗为粉饰太平，下令模仿《周礼》制六典，定六典为：理典、教典、礼典、政典、刑典、事典。实际编纂则以唐代

官制三师、三公、尚书都省、六部、五省、九寺、五监、十六卫、东宫及地方诸府、州县为其纲目，详列各司署的组织规模、官员编制及其职权范围。故《唐六典》实际上是以职官分篇，是一部关于唐代中央和地方官制的法规大全。此书虽未经正式颁行，但它因以现行令、式编纂而成，在唐代即被内外官员视为法典，与律令并行不悖，有正式的法律效力。

例是由国家肯定的，具有法律效力的办案成例，作为法律无明文规定的案件断狱时比照的依据。因此，例也是唐代法律的一种形式。唐初有赵仁本所撰之《法例》二卷，又有崔知悌《法例》二卷，可以引用在案件审理上。后高宗看了该

书，认为其文太过繁杂，使用不便；于是就废除不用，但是一纸禁令不可能真正断绝"例"在实际上的应用。玄宗开元十四年（726年）又下敕："如闻用例破敕及令,深非道理。自今以后,宜禁断。"（《唐会要·定格令》）一方面说明例的法律效力在令、式及敕之下；另一方面也可知，唐中后期仍可用例断案。唐代用例之风，对后世也深有影响。

对唐朝法律形式的"性质"的研究，史上总结了如下几点：首先，拿唐代令、格、式来说，虽然在法律规范的内容方面与律有着明显的差异，并且主要是对官僚体制和行政运作的规范；但是，它们的宗旨在于督责臣民。因此，完全站在现代的法律知识语境与法律体制的立场上来判断它们的法律性质——譬如认为它们属于行政法规或刑事法规，显然无助于人们正确地认识和理解唐朝法律的"本来面目"。其次，简单地主张违反令、格、式要依律来定罪量刑，从而断定它们属于刑法，理论依据也是不够充分的。因为令、格、式作为独立的法律形式，在唐朝已是不争的事实。通

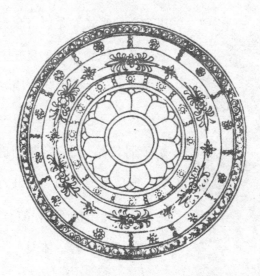

过它们建构起来的各项规章制度和行政运作秩序要比刑法律的有关规定详尽得多，并且要比刑罚制裁重要得多，也是不争的事实。再次，从方法论的角度讲，把唐朝的令、格、式简单地视为行政法规或刑事法规，似有方法论"本质主义"的嫌疑或缺陷。换言之，这是一种过分脱离中国历史文化语境的现代解释，如此一味地以现代法律标准来衡量古代法律体系，或者一味地使古代法律适应现代法律的知识分类模式，结果难免削足适履，读来总是觉得有些别扭。最后，唐朝法律形式乃是以王政为政治权力中心的系统思维方式的反映，晋朝著名律学家张斐对"晋律"结构安排的阐释很可能说明问题。《晋书·刑法志》载曰："律始于刑名者，所以定罪制也；终于诸侯者，所以毕其政也。王政布于上，诸侯奉于下，礼乐抚于中，故有三才之义焉，其相须而成，若一体焉。……自始及终，

往而不穷，变动无常，周流四极，上下无方，不离于法律之中也。"当然，此言虽非直接针对唐朝法律形式与体系结构而言。但是，如果我们以此视角进行检讨，就可以发现"唐律"本身的体系结构，以及律、令、格、式之间的关系，均可视为这一系统思维方式的反映。换言之，它们都是围绕王政这一政治权力中心展开的，强制措施则是刑罚。

总之，对唐代法律形式律、令、格、式的性质和特点的区分，并不是绝对的；对它们之间的相互关联的特点，同样不能一笔抹杀。律作为专门的刑事法典，具有某些制度性的安排和规定；虽是不可避免的，却是可以理解的。相对而言，令、格、式作为国家体制与行政运作方面的制度性的规范，必须依赖律中的刑罚来保证实施，则是必然的。

二、中国古代文本中的法律形式

由于中华法系的法律形式很繁杂，有些称谓并不是固定不变的，它们在不同的朝代有不同的称呼，这就增加了对其系统分类的难度。为了能够理清各种法律形式的运作及其内在逻辑，在此运用制定法、判例和法律解释三个范畴，对中华法系的内容、体系和推理进行探讨。

（一）从制定法角度考察

1.律

春秋时期，郑国著名的政治家子产作刑书，于公元前 536 年最先公布了成文法。这是中国古代的法律形式向制定法迈进的第一步。其后，晋、楚、宋等国纷纷效仿，到了战国初期，魏国的李悝集春秋末叶各国立法之大成，编纂了

一部《法经》，它被认为是中国历史上第一部初成体系的封建法典。《法经》共有六篇，即盗法、贼法、囚法、捕法、杂法、具法。也可分为正律、杂律、减律三个部分。

这部法典的条文是否具备制定法的特征呢？由于《法经》的内容已佚，在此仅举史料中记载的正律为例：

杀人者诛，籍其家及其妻氏；杀二人及其母氏。大盗，戍为守卒，重则诛。窥宫者膑，拾遗者刖，曰为盗心焉。（转引自董说《七国考》）

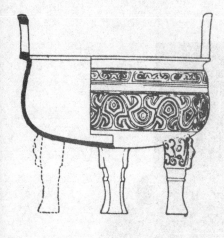

可以看出，若撇开内容，从其法律条文的形式着眼考虑的话，《法经》超越了具体个案的时间、地点、人物等因素的束缚，极力将自身概括为适用于普通情形的一般性规定，已初具制定法的特征。

战国之后的秦朝以《法经》为母法，改法为律，篇章、内容多有增益；汉律也以《法经》为基础，吸取了秦律的成果；到了魏晋南北朝时期，立法皆以汉律为蓝本，其中《北齐律》远采汉律，近承《魏律》，最有代表性；接下去隋朝的《开皇律》源出《北齐律》，又成为唐律的蓝本；而荟萃历代法典精华的唐律，则被誉为封建法典的楷模，宋、元、明、清等朝代的立法多承唐律。

2.令、科、格、式、敕

令、科、格、式、敕在中国古代也是判决的重要依据。早在夏朝，国王的命令就是重要的法律形式。《尚书·甘誓》记载夏启在一次出征之前的誓师词中说："用命，赏于祖；不用命，戮于社。予则孥（儿子）戮汝。"这里的"命"即王命，"予"即国王的自称。在其后的商朝、周朝中，国王的命令也是最重要的法律形式。

在春秋战国时期，律出现以后，令的命运又是怎样的呢? 秦简《语书》中经常将法、律、令并提，如"修法律令"、"法

律令已具""法律令已布"等，可见，在秦朝，律与令之间的界限还没有到泾渭分明的程度，某些单行的刑事法律也通过令的形式加以颁布如《焚书令》《吏见知不举令》《以古非今偶语诗词书令》等。

汉朝对令的理解是"天子诏所增损，不在律上者为令"（《汉书·宣帝纪》）。从表面上看，令似乎只是律的补充而已，但事实上，汉朝的诏令是司法审判中最具权威性的依据，它可以改变、补充甚至取消律。例如杜周在回答断狱"不循

三尺法"，专以皇帝意旨为依归的责难时说："三尺（法）安在哉？前主所是，著为律，后主所是，疏为令，当时为是，何古之法乎。"（《汉书·杜周传》）令为什么可以代替律呢？其原因并不在于两者形式上的区别，而在于在位皇帝至高无上的权力，当前主之律不合时宜时，他就会用自己的令取而代之。另外，汉代还有一种类似于制定法的法律形式，叫做科，科在形式上依附于律，有律的补充法和施行细则之义。

到了唐朝，律仅仅用于"正刑定罪"，令则成为"尊卑贵贱之等数，国家之制度"

（《新唐书·刑法志》），即国家组织制度方面的规定。皇帝临时颁布的国家机关必须遵守的各种单行敕令叫做格。格来源于汉代的科，北魏始以格代科，作为律的补充。唐朝格的效力往往大于律，是对律的修改与补充。格与律有冲突时，以格为准。唐朝还有一种法律形式叫式，"式者。其所常守之法也。"（《新唐书·刑法志》），即国家机关的公文程式和活动细则。格、式到明清时失去了独立的地位。唐律虽以律、令、格、式为法律形式，但若遇重大的特殊案狱，皇帝经常以制、敕形式权断，但制、敕不得作为法律援引，"若辄引，致罪有出入者，以故失论。"（《唐律疏义·断狱律》）

通过以上的论述，我们发现很难将唐朝的令等同于汉朝以前的令，二者对令的解释明显不同，汉朝以前的令指皇帝的诏令，而唐朝的令则仅仅是国家组织制度之规定，它排除了针对具体事件的命令成分，而类似于律的抽象形式，但与律不同的是，它在内容上已有专属。唐朝的格、式与律的关系也是如此，其主要区别在于因内容的不同而形成的不同的法律效力，在形式上，它们没有本质的区别，倒是敕所含的命令成分更大一些。

宋朝的刑律几乎完全照搬了《唐律疏议》的内容，但是，与唐朝相比，宋朝的社会环境毕竟已有了极大的不同，这就意味着宋朝的法律与当时的社会条件脱节了。为了摆脱这种危机，宋朝的统治者在前朝颁布了大量的敕令修改先祖的法规，所以宋朝的法律形式如敕、令、格、式，大体上与唐朝相似，但解释稍有不同："禁于已然之谓敕，禁于未然之谓令，设于此以彼之谓格，使彼效之之谓式。"（《宋史·刑法志》）可见，宋朝的敕相当突出，具有以前朝代的律的地位，这样我们对于宋朝的《宋刑统》采取律敕合编的形式，以及后来的以敕破律，以敕代律现象的泛滥，也就毫不为奇了。正是这种律、敕合编并重的形式，为清朝所模仿，而创立了律例合编的体例。

（二）从判例角度考察

1. 廷行事

王念孙《读书杂志》有云："行事者，言已行之事，旧例成法也，汉世人作文，言行事、成事，意皆同。"可见，秦朝的廷行事，意谓法庭已行之事。廷行事是否具备判例的性质，可由有据可考的历史资料来对其证明。《睡虎地秦墓竹简》载：

> 何如为犯令？废令？律所谓者，令曰勿为而为之是谓犯令，令曰为之弗为是谓废令，殹也。廷行事皆以犯

令论。

　　求盗追捕罪人，罪人（格）杀求盗，问杀人者为贼杀人，且斫（斗）杀人？斫（斗）杀人，廷行事为贼。

　　实官户扇不致，禾稼能出，廷行事赀一甲。

可见，这里的廷行事已明显偏离了法律条文的规定，而成为判例或惯例，但即使是惯例，它也是通过判决来校正法律条文的偏差的。所以说，秦朝的廷行事，为法律解释所认可，具有法律实践意义上的拘束力，已有判例之性质。

　　2. 比

比也称作比附、决事比、比附援引等。即在法无明文规定时，可以比附相似或近似的法律条文、命令或案例来断罪的方法。我们看到比附法律条文或命令，与现代意义上的类推十分相似，而比附案例则是纯粹的判例了。这里所论述的，主要指后面一种情形。比附案例在司法实践中形成先例，这种判决方法由来已久。如《汉书·刑法志》载：汉高祖七年下诏："廷尉所不能决，谨具为奏，付所当比律令以闻。"师古注曰："以例相比况也。"汉代还对可作比附定罪的案例进行分类汇编，编制了大量决事比。如《汉代·刑法志》云："孝武招进张

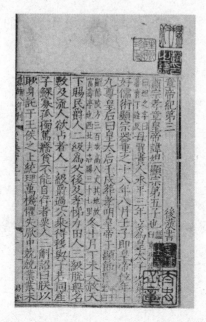

汤、赵禹之属，条定法令，死罪决事比万三千四百七十二事。"《后汉书·陈忠传》曰："忠略依宠意，奏上二十三条为决事比，以省请谳之敝，事皆施行。"陈宠为"鲍昱撰《辞讼比》七卷，决事科条皆以事类相从，昱奏上之，其后公府奉以为法"。自汉以后，历代均程度不等地沿用此制，比甚至可以破律。北齐"大理明法，上下比附，欲出则附轻议，欲人则附重法"（《隋志》），隋朝定律"惟留五百，以事类相似者比附科断"（《旧唐书·刑法志》），自唐以后，比附案例的方法就演变为成

例或事例了。成例或事例是我们后面将要论述的另一种形式。

需要补充说明的是，在汉朝的审判活动中，还可以直接引用儒家经典特别是以《春秋》作为判决案件的依据。汉儒董仲舒作《春秋决狱》二百三十二事，后来应劭撰有《春秋决狱》，都是汇集春秋决狱的案例成书。这些案例汇集却成为比附的对象。例如董仲舒《春秋决狱》里有这样一个案例：有个女子的丈夫乘船溺死在海中，无法安葬。四个月后，这个女子遵照父母的意志改嫁。汉律规定：丈夫未葬前，女子不得改嫁。根据这条规定，官吏判这个女子"私人为妻"罪，拟将她"弃市"。董仲舒援引《春秋》中关于夫死无男允许改嫁的记载和"妇人无专制擅姿之行，听从为顺"的儒家纲常原则，认为这个女子既然是遵父母之命改嫁，"无淫愆之心"，就不能说"私为人妻"，因而作了"不当坐罪"的判决。

显然，该判决更合理一些，因此也就自然成为以后审判与此相似的案件的样板了。

3. 事例、成案、故事

例中有少数为已发生的个案，即事例，它可以作以后处理类似案件的依据。因此，事例是典型的判例。事例在宋朝已被当做判例的依据而广泛援引，例如宋景祐三年"沧州南皮县令朱谷，惧罪逃走。诏：将来遇赦不原，永不录用，今后命官、使臣依此例"。（《宋会要·禁约》）事例常常是以皇帝御决的形式出现的，带有皇权专制的特点，这与西方法官创立的判例在含义上是不同的。

成案被直接援引作为定罪量刑的依据主要是在明清时代。如"同治四年沔高师子诱奸十二岁的幼女已成，律虽和同强论，究与实犯强奸者不同，溯查道光三十年本部办赦款清单内湖广宋四淋一起诱奸十二岁幼女已成，曾经酌入缓决在案，此案情形相同，并未致酿人命，自应援照成案酌缓入归汇奏记候，堂定改缓。"（《秋审比照汇案》卷上）类似以成案断狱的例子在清朝司法文献中是屡见不鲜的《钦定大清会典》卷五十四注文曰："如督抚办理案件，果有与旧案相合可援引为例者，许于本案声明，本部详加查复附请，著为定例。"这就是说成案不但可以经常被援用，而且还可以抽象概括为条例，"大清律例增修统纂集成"凡例有载:"自嘉庆六年起至同治九年止,除照新例校正外,其同治九年颁例以后至同治十年以前,凡各省条奏咨请部示准驳成案,并刑部随案增修例文,将来应奏为例,既奉特旨载入例册者。"从《大清律例汇集便览》一书中,我们可以进一步看出,有很多例是由成案直接确定下来的。如乾隆三十四年,江苏沛县有两起成案,就与"逐婿嫁女"例有着直接的关系。

成案的援引说明,中国古代的司法官员在不同程度上,利用这种形式从事

了创新法律的活动，这一点和西方利用判例创制法律有共通之处。无怪乎，清朝各种刻本的案例、判例到处流行，什么人都可以编印，既有坊本，又有抄本。一些审判官员把这些成案奉为至宝，律令正文反而成了可有可无的东西。

在制定法为主体的国家里，判例或成案的优点在于能及时解决立法者事先没能预料到的特殊事件或者对已不适应时代变化的条文进行修正。如果完全将律条弃之不用，成案反而成了没有约束的滋生物，必然引起法律适用上的混乱，同时也削弱了皇权对司法的控制，然而"法疏"是制定法自身无法克服的缺陷，各个朝代都是如此。但是由于保守的明清律文与变化的社会之间的脱节太多，

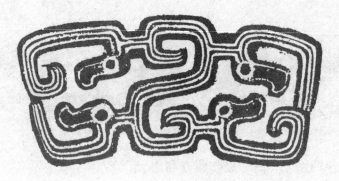

仅仅依赖皇帝来填补这些盲点是远远不够的。因此，司法官员的成案作为补充正式法律条文的辅助性形式，在这两个朝代就显得更为突出了。

故事现象至迟在周代就已出现，南朝陆澄说："周称旧章，汉言故事。"（《南齐书·陆澄传》）《诗·大雅》有云："不愆不忘，率由旧章。"据《新唐书·艺文志》记载，当时编有"汉武帝故事三卷"，东汉，"（刘）秀创制朝议，广陈刑政，朝廷多遵用之，以为故事"。北魏，"每有断决，多为故事"。（《魏书·郭祚传》）晋时，"贾充等撰律令，兼删定当时制诏之条，为故事三十卷，与律令并行。"唐朝狄仁杰任大理丞时，左威卫大将军权善才、右监门中郎将范怀义因为误砍了昭陵的柏树，论罪应当受到免官的处罚，可是唐高宗却要把他们处死。狄仁杰就举例说，汉朝有人偷了高庙的玉环，汉文帝想灭其族，张释之问，假如盗取了长陵的一抔土，又应判什么罪呢？于是汉文帝就没有牵连其族。狄仁杰通过引用这则故事使唐高宗免除了权、范二将的死刑。（《新唐书·狄人杰传》）直至宋明时代，故事仍被大量援引。

判例作为一个先例，为后人审理类似案件提供了判决的依据。判例首先是法院对案件的判决，从这个意义上来讲，只有一部分故事是以前对案件的判决，我们可以将其叫做"有判例特征的故事"。还有另一部分故事并不是以前的判决，而只是一种惯例或先例，也许把这种故事称作"有惯例特征的故事"更适合一些。值得注意的是，有时"有惯例特征的故事"在审判中被援引后，该案例又成为"有判例特征的故事"，所以说故事的"判例特征"与"惯例特征"有时并没有不可逾越的鸿沟。

当然，判例与故事的区别还是十分
明显的。判例对于应用它的案件和审理
者具有明确的法律约束力，而故事只有
潜在的法律效力。这种潜在的法律效力
能否实现，还要看这一故事是否被后人
作为法律制度来使用。所以，可以这么
说，所有的故事只具有潜在的法律意义。
具有"判例法特征的故事"一付诸实施，
即产生法律效力。具有"惯例特征的故

事"的法律效力虽然不那么显著，但是一旦有人违背它时，也可能会受到处罚。

（三）从法律解释角度考察

1.《法律答问》和律注

中国注疏法律的传统由来已久。早在秦朝，为了统一适用法律，就设置了专门官吏，负责向吏民解释法律，即所谓"遇民不修法，则问法官"（《商君书·定分》），"欲有学法令，以吏为师"（《史记·秦始皇本纪》）。《睡虎地秦墓竹简》中的《法律答问》就是对秦朝刑律的官方解释，它对秦朝定罪、量刑、适用法律和诉讼制度的某些方面都作了具体说明。

到了汉朝，一方面因世习法律而形成了显赫的法律世家，如杜周、杜延年父子，郭弘、郭躬父子等；另一方面，私家注律渐成风气，东汉诸儒竞相注律，形成所谓"章句之学"，如叔孙宣、郭令卿、马融、郑玄，"章句十有余家，家数十万言，凡断罪所当由用者，合二万六千二百七十二条，七百七十三万二千二百余言"，竟造成"言

数益繁，览者益难"的局面。至曹魏不得不由天子下诏："但用郑氏章句，不得杂用余家。"（《晋书·刑法志》）

晋朝鉴于汉以来律令本注繁杂的状况，定晋律后，由张斐和杜预先后作注，经晋武帝批准颁行天下，与律文具有同等的法律效力。

张斐、杜预的律注"远尊古礼，近同时制"（《晋书·礼志中》），以礼为准则将法律纳入名分的规范之中，实现了

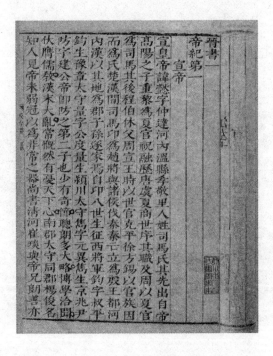

晋律的儒家化。正如陈寅恪先生所云："司马氏以东汉末年之儒学大族创建晋室，统治中国，其所制订之刑律尤为儒家化。"这与张斐、杜预的努力是分不开的。

当然，张斐、杜预的律注，虽以儒家思想为理论基础，但在解释具体律文、名词时，却不是简单的附比，而是以封建的伦理观念和等级制度为法理进行推究，使所注释的名词、术语符合"名分"。特别值得提出的是，张斐在《律注要略》中对《晋律》的解释，可谓精当而有条理。张斐对《晋律》的注文约有千条以上，他从文法、逻辑、立法意图等方面

对律文的基本精神、篇章体例、法律名词、术语，以及司法审判原则等进行了详尽的阐释，补充了《晋律》之不足，其注解传于隋、唐以至宋朝，影响深远。

2. 义疏

义疏是唐朝对唐《永徽律》疏文的最初称谓。《永徽律》颁布后，高宗鉴于"律学未有定疏，每年所举明法，遂无凭准"，下诏"宣广召解律人条义疏奏闻"（《旧唐书·刑法志》），以阐明《永徽律》的精神实质，对律文进行统一的解释；乃令长孙无忌等人负责，他们根据"网罗训诰，研核丘坟"的原则，对《永徽律》

逐条逐句进行注解，称为义疏。义疏经皇帝批准，于永徽四年颁布，义疏附于律文之后，与律文具有同等的法律效力，"自是断狱者皆引疏析之"。《（旧唐书·刑法志》）义疏不仅仅是对律文的文法解释，它力求使律文前后呼应，成为一个完整的体系，的确起到了"发明律及注意"、"申律之深义"、补"律所不周不达"的作用。所以，唐朝的义疏无论在意义上还是在作用上，都超越了以前较为简单的律注，形成了独具特色的体系化的解释理论。

首先，唐朝的义疏与前朝的律注不同，它不仅把法律解释看成是对律条的界定，而且把它看做是与律文共同构筑一个完整体系的有机组成部分。由此决定了义疏沟通相关律文；参引令、格、式疏解律文；贯通卷、篇之间联系的独特功能。

其次，义疏运用探求法意、收缩扩张、设置问答等技术来注解律文，实际上成为第二次立法。例如，义疏通过探求立法者制定法律时所依赖的价值判断及其所欲实现的目的来注解律文，援礼入法，使概括性的律文更加细密化。在《职制律》中，"匿父母及夫丧"条中没有"闻丧不

即举哀，于后择日举讫"的处罚规定。

又如，义疏诠解律文时，多有发挥，有些义疏的内容实际上成了律文的实施细则，具有第二次立法的性质。例如，在《名例律》中，"恶逆"注云：谓殴及谋杀祖父母、父母，杀伯叔父母、姑、兄姊、外祖父母、夫，夫之祖父母、父母。

义疏曰：其"夫之祖父母"者，夫之曾、高祖亦同。案丧服制，为夫曾、

高服缌麻；若夫承重，其妻于曾、高祖，亦如夫之父母服期。故知称"夫之祖父母"，曾、高亦同也。

这样，义疏将"（妻）杀夫之曾祖父母、高祖父母，与杀夫之祖父母相同"，也列入"恶逆"之列，实际上扩展了原律文的内容，增加了新的规定。

另外，义疏还通过设置问答，互相辩诘来解释疑难。问答在义疏中所占比重很大，有一百一十九条律文设置了问答，约占全部律文的四分之一。这些问答对各种可能出现的情况做了充分的估计，对情理的剖析细致入微，大大丰富了律文的含量。

唐朝的义疏方法被后世直接沿用。宋朝的《宋刑统》是《唐律疏义》的翻版；明朝于元朝之后又重仿唐朝定律，义疏也多采于唐朝；清朝沿用明制，《清史稿·刑法志》曰："诸臣以律文昉自唐

律，辞简意赅，易致舛讹，于每篇正文后，增用总注，疏解律义。"所以，尽管各朝义疏的内容可能有所差异，但采用的方法却是一致的。

在中国历史上，除了《法律答问》、律注和义疏三种法律解释之外，还有私家的解释。不过后者在法律实践中只起参考作用，其法律效力远远不及前者，在此就不详细论述了。

（四）余论

以上运用制定法、判例和法律解释三个范畴，对中国古典法律文本中的法律形式的源流和演变进行了论述，但是，不能把二者完全等同起来，在强调它们之间的对应性的同时，一定要注意以下几个方面：

第一，律、令、科、格、式、敕、例等的确统摄了中国法律形式的主要发

展方向，但是，并不能把它们完全等同于制定法。中国古典文本中的律令等仅仅是禁令汇集而已，它们的作用仅仅在于为现存政权作合理的辩护，规范社会的整体形态和秩序，缺乏调整私人关系的由公民可以选择和变通的规范，它们所采用的方式充其量只是一种简单的列举法而已。律令之类的禁令缺乏系统的分类技巧，尤其是按照法律上的权利主体、客体和保护方法来进行的分类。所以，中国古代的律令等法律形式只相当于现代意义上制定法的半成品（或者叫准制定法），如果将中国古代的律完全等同于现代的制定法，这完全是一种误读。

第二，中国古代的廷行事、比、事例、成案、故事等法律形式，与判例有相似之处，但不同的是，中国绝大多数的类似判例的法律形式并非由司法官员创制，而是皇帝的御决，我们只能把它们叫做准判例。中国的准判例形式给律令等赋

予了很大的灵活性和连续性，这正是律令等所缺少的东西。中国的准判例只存在于特定的法律领域，绝大多数的地盘仍由律令等牢牢控制着，前者对后者只起补充作用。

第三，中国古代的法律解释以律条为出发点，以尊重律条的原意为基础，它能够结合疑难案件阐述律条包含的价值观、审判原则和立法目，补充因为概括性而造成的律条自身的局限。但是，中国古代的法律解释并不是对规则与原则、立法与司法、法律与事实、逻辑与经验、模糊性与确定性的科学探讨，而是对封建伦理观念和等级制度在法律运用中的推演，它是围绕皇权专制之下的"名分"来解释法律的，所能够运用文法、逻辑、篇章体例、法律名词、术语等方面的创新，沟通相关律条，参引令、格、式疏解律条，贯通卷、篇之间的联系，使所有的法律浑然一体。可见，法律解释在中国古代社会的司法实践中承担的功能与现代社会不同，中国古代的法律解释最终要受制于君权，要为君权服务。

总之，尽管中国古典文本中的法律形式与现代法学中的制定法、判例与法律解释含义不尽相同，但它们之间还是具有相关性和对应性的。这三个范畴为我们理解中国古代的法律形式提供了一个有效的解释模式和独特的观察视角，通过运用这三个范畴的分析，可以看出，在中国古代，准制定法、准判例与法律解释很早以来就是并存的，正是由于它们之间的互补，维持了中国传统法律的稳定性与灵活性。

三、中国古代法中的例

在中国古代法律体系中，通常以律为表现形式的国家制定法被认为是法律的主要渊源，中国古代法律体系也因此被认为是以律典为主的法系。的确，从先秦时魏国的《法经》开始，到"清律"终结，国家制定的律典一脉相承，源远流长，在承接传统的同时不断革新。每个朝代都以国家制定的律典作为法律体系的核心，都以律典作为司法实践中的主要法源，而各朝的史书也都把律典的制定作为记载的重心。由此看来，律典吸引了绝大多数人的注意也就在情理之中了。但是，这并没有准确、全面地反映出中国古代法律渊源的实际状况。不应忽视的是，在唐代就已作为法律形式渊源出现，宋元时逐渐发展，至明清时臻于完善的例，同样在古代中国的法律体系中占有着重要的地位，在法律实践中有着独特而不可或缺的作用。而例作

为中国古代重要的法律形式渊源，其在法律体系中的地位并不是一成不变的，而是经历了从萌芽到成熟，从混乱到完善的过程。

（一）中国古代法中例的历史演变

1. 唐、宋、元时例的出现和兴起

例作为法律的形式渊源之一，于唐代就已出现。唐朝的法律是相当完备、

细密的。唐律更是我国封建时代一部具有代表性的号称最完备的封建法典。唐律科条简要，繁简适中，但在唐律之外，仍旧存在以例为名的法律形式。史载，从唐初到仪凤初年，详刑少卿赵仁本经加工整理撰定了《法例》三卷，"引以断狱，时议以为折中。后高宗览之，以为烦文不便，因谓侍臣曰，律令格式，天下通规，非朕庸虚所能创制。并是武德之际，贞观以来，或取定表衷，参详众议。条章备举，轨增昭然，临事遵行，自不能尽。何为更须作例，致使触绪多疑。计此因

循，非适今日。速宜改辙，不得更。白
是法例遂废不用。"由此可见，例作为法
律形式渊源于唐初时就已经出现了。那
么，此后唐代的例就真如史书所言，"遂
废不用"了吗? 唐玄宗开元十四年时发
布敕令："如闻用例破敕及令式，深非道
理，自今以后，不得更然"。可见，一方面，
唐代的用例之风实际上一直不断；另一
方面，至少唐玄宗时仍可用例，只是其
效力应在令、式及敕下。宋代的例主要

指条例和断例。条例，是皇帝发布的特旨；断例，是审判案件的成例。宋初的例仅为司法活动中临时性的措施，后来，神宗即位以后，实行变法图强，法律形式也发生变化，例的地位越来越高。编例逐渐成为了一项重要的立法活动，即把对审判有指导意义的例编纂成集，以供司法衙门援引，使例作为成文法典的补充，所谓"法律不载者然后用例""取从前所用例，以类编修"。从宋中期起，几乎历朝皆有编例活动，著名的编例有

《熙宁法寺断例》《熙宁绍圣断例》《元
丰断例》《元符刑名断例》《崇宁断例》《绍
兴刑名疑难断例》《乾道新编特旨断例》
等。例的广泛适用使得律条正文受到了
冲击，本来应当在律、令、格、式不载
的前提下方可用例，但实践中司法官吏
往往"徇私而忘公，不比法以为例，而因
事以起例，甚者自本有法，亦舍而弗用"。
出现了用例泛滥、以例破律的情况。对此，

从立法上对例的适用加以限制，"引例破法及择用优例者，徒三年。""其有法者，止当从法；其合比附比类者不得引非法之例。令御史台觉察，必罚无赦。"但这些措施收效甚微，在司法实践中，例的地位越来越高，最终形成以例破律的局面，"法令虽具，然吏一切以例从事。法当然而无例，则事皆泥而不行，甚至隐例以坏法，贿赂即行，乃为具例。"

元代始终没有按唐宋的传统，修

订类似的律典，其法律形式是符合蒙古习惯的令、格、制、敕、例等。元代的例也称为断例，在编例的形式上，采用的是将诏制、条格、断例混编的方式，而断例主要反映社会习惯，占有相当重要的地位。制定于元英宗至治三年的《大元通制》分为三纲一目，共两千五百三十九条，其中断例一目七百一十七条。元顺帝时编成并颁行的《至正条格》总数两千九百零五条，其中断例一千零五十九条，超过了三分之一。

这种情况虽然有利于法律适应不断变化的社会,但同时也造成了元代"有例可援,无法可守"的混乱局面。

2.明清之际例的发展和完善

明代仍然采用唐宋以来以例断案的传统。明朝称例为条例,条例作为一种法律形式,被广泛地运用于司法实践中,以补《大明律》之不足。明代的条例往往来自于司法审判的真实案例。对某一具体案例的判决,经皇帝批准后,便可以作为以后同类案件的审判依据,上升

为可以普遍适用的法律形式。

　　明代条例的创修始于洪武时期，永乐时期也制定过一些条例，由于"已成之法，一字不可改易"。《大明律》不得作一字之增修，仁宗以后累朝都在例上做文章，在废止前朝条例的同时又制定出本朝新例。到了明代中期，由于条例日渐繁杂，以例代律，以例破律者亦有之。针对这种情况，弘治十三年三月初二日，经过一年零两个月的工作，首次修订的《问刑条例》终于得到皇帝的批准正式颁行，称弘治《问刑条例》。其开

创了明清时代以例辅律，律例并行的先河，在中国古代立法史上占有重要地位。

弘治《问刑条例》颁布后，其行用五十余年。嘉靖二十九年《问刑条例》被重修，十月二十二日工作终于告竣，巩固了条例与律典并行的地位，嘉靖三十四年又续修，颁行后有单行本及律例合刊本，是为嘉靖《问刑条例》。万历十三年四月四日，刑部尚书舒化奏报《问刑条例》修订完毕请日颁行，根据舒化的建议，将条例依类附入律中，律为正文、例为附注，实现了律例合体。至此，《问刑条例》条目达到三百八十二条，与明律合编刻印，名为《大明律附例》。《问刑条例》使例更加规范、划一，例与律的关系更加协调、统一。

清代的例主要有条例、则例、事例三种。条例即经一定程序认可的断案成例。则例通常指具有行政法规性质的六部法规。而事例是以会典细目形式出现的。此外，还有因地制宜的省例等。清代在律外制例，以例辅律，律例并行，采用律、例合编的形式。清代成立了专

门的机构——律例馆来制定律例。律例馆设于顺治二年，每到条例纂修年限，由刑部官员临时任命馆员，纂修完了即刻废止。

清代第一次大规模的修例活动，是康熙时颁布的《刑部现行则例》。雍正时又颁布了《大清律集解附例》。到乾隆五年《大清律例》编成后，律的条文已经趋于稳定，后世再未对其进行实质性的修正，而是只通过增加新例，健全修例制度来弥补律文的不足。从此，清代的修例实现了定期化和规范化，例作为法律渊源的作用更加完善了。

至清代后期，由于例的数量急剧膨胀，形成了"以例代律"的局面。

（二）中国古代法律体系中例的成因分析

在中国古代法律体系中，例之所以能够成为与律明显不同却相互共存的法律形式渊源，有着其深刻的内在原因。

1. 例的形成在于中国实用哲学的引导

哲学在中国文化中的地位，历来被看做可以和宗教在其他文化中的地位相比拟。而在中国数千年的发展中，尊重人们生活的经验和强调实际效用的智慧

是哲学的主流。在这种实用哲学的引导下，追求法律的实效成为中国古代立法者的目标。例，不同于负载了更多政治意义的律，它产生于实际的法律生活，本身就是实践的产物，与实用哲学在逻辑上具有必然的关联。于是，各朝的立法者纷纷以例作为控制社会不可或缺的法律形式，也就是自然而然的事了。

2.例的形成顺应了社会生活的发展状态

产生于隋唐的科举制，到宋代时已经得到了全面的普及，这更促成了官民两极社会结构的形成。从此，家族世袭统治的贵族不复存在了，以农、工、商等职业作为世袭身份的制度也成为历史。中国在宋以后不再是身份制的国家，身份制的社会为官民二元的社会所取代。职业和财产首先是属于个人的，个人聚集成为家族和宗族，进而构成社会，在此之上则是官员代表的国家。

身份的打破拓展了个人发展的空间，人口的流动也随之加快，内外贸易逐渐发展，这一切使市民社会得以萌发和兴起。市民社会的发展，带来了更加丰富

和不断变化的社会生活。与蓬勃发展的社会相比，律显得过于刻板，而例则以其植根于现实的变通性受到了司法官们更大的青睐。于是，例这一法律形式自宋代开始发展起来。

3. 例的形成符合法的自身发展的内在逻辑

法孕育于社会的纠纷之中，实际纠纷的解决经验对法的产生和发展有着某种特殊的作用。这种经验就是法的生长点，一切新的法的原则和规则都是通过这一经验被发现从而发展起来的。当社会产生了新的纠纷时，人们通过获取新的经验来创造出新的法律。实际上，即

使是体现了极大思辨性和先验性的制定法也是从总结既往的经验中产生的。结合中国古代法律体系的特点，各朝代的律的制定也都是在总结前朝和本朝的经验的基础上作出的。

制定法的特点在于其相对的稳定性，法律一经颁布就不能随意更改。律一旦被制定出来，往往都被统治者奉为一字不可改的经典，在中国，祖宗之法向来是不容忽视的。发展中的社会现实需要法的同步发展，而制定法是寄希望于其高度的概括性和原则性来解决问题的。

但应当承认的是，人的理性是有限度的，再完善的制定法也无法解决现实中的所有问题。例则是通过总结现实经验从而使法得到发展的最好方式。

（三）例在中国古代法律体系中的实际效用

1. 例的实行是对律的补充和完善

律在调整社会生活时，总免不了存在制定法天然的漏洞。而例有具体化、

针对性强的优点可以补充律的不足。例
的修定与律不同。律是在长期的实践中,
从无数经验中总结出来的高度抽象化的
原则;而例则是针对社会中特定的案件
而制定的,其相较于律要具体、详细得多。
例的这种特质常常使例在法律实践中对
律加以补充和辅助。

除了补充之外,例对律还有完善的
作用。当律只有原则性规定时,例能将
其细化。律的规定往往是原则性的,不
具体,缺乏可操作性。通过例的应用,

可以达到正确适用法律的目的。离开了通过例而产生的创造性解释，律便无法有力地和有效地调整社会生活。当律的规则存在漏洞时，例又予以堵塞。律很难将所有的规定都作到尽善尽美，当律的规定出现问题时，例便能根据律的本意，灵活地对其进行处理，将律最大限度地调整以适用于社会生活。

2. 以例破律，顺应民情

在中国古代的司法实践中，几乎伴随着例的出现，以例破法、以例破律的情形就屡见不鲜。唐代即出现了以例破令、式的现象。宋代以例破法的行为虽几经整肃仍难禁绝。元代更是"有例可援，无法可守"。清代以例破律之风更为炽烈，"盖清代定例，一如宋时之编敕，有例不用律，律既多成虚文"。

以例破律的原因，除了皇帝专权以及官员弄权，为了一己私利触犯法律权威之外，适应不断变化中的社会现实，顺应民情是同样重要而不可忽略的。律的制定在很大程度上代表了皇帝的极大权威，体现着对于传统的捍卫，一旦颁行就不容随意更改。可是社会生活不会停滞不前，律的过于稳定反而使它不具

备良好的实用价值。社会的发展带来了对传统的颠覆，例以其对现实的快速反映和灵活变通取代了律的地位。

3. 例的实行，促进了古代法学的发展

例在社会中的广泛适用，使大量的例成为司法中的热点。例的用词艰深，细节曲折，缺乏系统，既不利于民间理解，也不利于司法官员的掌握。为了及时对数量众多的例进行归纳清理，删旧存新，律学家们纷纷私自注解律例。有的律学家把例依次排列，考证其源流，阐明其

增删改动情况，并从适用的角度，旁参
互证，比较得失。有的律学家则在注释
律文后还采辑案件，附于释文之后，以
便于条、例互证。这样一方面宣传了法
律；另一方面也为司法官员断案提供了
参考。其中，有些律学著作的水平很高，
比如王肯堂的《大明律附例笺释》、沈之
奇的《大清律辑注》、薛允升的《读例存
疑》以及沈家本的《律例校勘记》等等。
这些论著甚至受到了官方的肯定，在一
定程度上可以成为立法和司法的参考。
薛允升在《唐明律合编》中曾表述：王明
德之"佩觿"、王肯堂之"笺释"、沈之
奇之"辑注"、夏敬一之"示掌"各有成
书，均不为无见，且有采其说入于律注
者，亦犹唐律并列疏义之意。而在司法中，
据《刑案汇览》所载，司法官员引用《辑
注》等私注观点作为审断案件依据的有
近四十个案例。

四、中国古代法中的令

令是中国古代国家制定和认可的重
要法律形式之一，它与律及其他法律形
式一起构成古代完整的法律体系，是古
代法制不可或缺的重要组成部分。然而，
与令在古代法中的地位形成强烈反差的
是，目前国内法律史学界一直未对令予
以足够的重视与研究，不仅成果鲜见，
甚至误入歧途。翻开法律史著作，以刑
律为中心的局面至今未得根本改观。对
于中华法系的研究，大多只是指出其有

发达完备的刑律，殊不知，中华法系还有同样发达完备的令典。相反，日本学者对令的研究却走在了我们的前头。因此，探讨中国古代令的发展及其特点，对于改变法律史研究中重律轻令的状况，揭示中国古代法制乃至中华法系的全貌，深入认识中国传统法律文化，无疑有着十分重要的意义。

（一）中国古代法中令的历史演变

中国古代令的发展，源远流长，大

致经历了下述三个阶段：

1. 秦汉律令混同阶段

令作为一种正式的法律形式，最早出现于秦汉。《周礼·大司马》云："犯令陵政则杜之。"春秋时越王勾践曾说："令壮者无娶老妇，令老者无娶壮妻。女子十七不嫁，其父母有罪，丈夫二十不娶，其父母有罪。"它们往往以统治者的单行命令面目出现，虽具有法律效力，但尚未发展为一种正式的法律形式。秦始皇统一六国后，规定"命为制，令为诏"，

这就为令的独立发展开辟了道路。

不过在秦汉，令与律处于混同状态，二者在内容和规范性质上尚无明确区分。如云梦秦简《置吏律》云："县、都官、十二郡免除吏及佐、群官属，以十二月朔日免除，尽三月而止之。其有死亡及故有缺者，为补之，毋须时。"是秦律的官吏任免规定。而秦始皇时李斯建议制定的"焚书令"却有刑法规范："史官非秦记皆烧之。非博士官所职，天下敢有藏诗书百家语者，悉诣守、尉杂烧之。有敢偶语诗书者弃市，以古非今者族，吏

见知不举者与同罪。令下三十日不烧，黔为城旦。"汉代律令不分，更为大量史料所证实，故沈家本在搜集考证汉律后云："诸书所引律、令往往相混，盖由各律中本各有令，引之者遂不尽别白。今时固难定其为律为令也。"程树德则断言："魏晋以后律令之别极严，而汉则否。"秦汉时律与令的关系，一般是律文先具，令文后下。云梦秦简《语书》云："圣王作为法度，以矫端民心，去其邪僻，除其恶俗。法律未足，民多诈巧，故后有间令下者。"西汉廷尉杜周亦说："前主所是著为律，后主所是疏为令。"《汉书·宣

帝纪》地节四年文颖注曰："天子诏所增损，不在律上者为令。"因此，秦汉令的内容往往是对律所不周不备处的补充与修正，令处于律的追加法地位，二者性质自然无法区别。

但是，汉代令的发展开始出现一种值得注意的倾向，即将单行的诏令提升为与诏书相对分离，较为稳定的常行令。令虽然形式上仍由皇帝以诏书发布，但其具体内容开始不由诏书直接规定，而由有关部门另行制定。

随着单行令的积累，为便于施行和检索，汉代官方不断地将单行令汇编成册而为常行令。汉代编令的方式主要有：①以令发布的时间先后为序，称为令甲、令乙、令丙。②按照内容分类，把同一内容的令编在一起，称"令"。如《功令》《金布令》《宫卫令》《秩禄令》《品令》《祠令》《狱令》等。这类令文下大都编有序号，不止一条。居延汉简就有"功令第四十五"的简文。③以令的执行机构为中心编令。凡是与这一机构职责、权限有关的令文即收入，其内容也不止一条。这类令见于史籍的有《廷尉挈令》《光禄挈令》，见于简牍的有《兰台令第附三》《御

史令第四十三》等。④根据令所适用的地区范围来编令，如《乐浪挈令》《北边挈令》等。这类令多适用于边疆地区。

由上可见，汉代令的这种趋向，不仅使得令的内容摆脱特定化走上规范化的道路，而且反映了令向系统化、法典化发展的努力，为魏晋以后系统的令典编撰提供了经验和条件。

2. 魏晋迄隋唐令的发展完备阶段

汉代不断地将单行诏令提升为较为稳定的常行令，使令走上与律并行的独立发展道路。《晋书·刑法志》记载，魏明帝时陈群、刘邵等人受命"删约旧科，

傍采汉律"，在大量的汉代律令中取舍分合，在撰定《新律》十八篇的同时，又专门制定了《州郡令》四十五篇，《尚书官令》《军中令》共一百八十余篇。从《新律》制定宜"都总事类，多其篇条"的要求来看，令已开始上升为一种完全独立的法律形式，只是在形式上尚未成为单一的法典而已。

时隔不久，晋令在魏令的基础上，又实现了两大突破。首先是从理论上把令与律区分开来。当时参加律令制定工作的杜预指出："律以正罪名，令以存事制。"并以此指导了当时的立法工作。

其次，晋令改变魏令以国家机构组织分类编撰的做法，而以令的内容分类，最终完成了令的法典化。西晋武帝泰始四年颁行了"泰始律令"。其中《泰始令》四十篇，篇目为"一户、二学、三贡士、四官品、五吏员、六俸廪、七服制、八祠、九户调、十佃、十一复除、十二关市、十三捕亡、十四狱官、十五鞭杖、十六医药疾病、十七丧葬、十八杂上、十九杂中、二十杂下、二十一门下散骑中书、二十二尚书、二十三三台秘书、二十四王公侯、二十五军吏员、二十六选吏、二十七选将、二十八选杂士、二十九宫卫、三十赎、三十一军战、三十二军水战、三十三至三十八皆军法、三十九、四十皆杂法"。从此，令与律有了明确的规范性质和功能划分。

统一南北的隋朝于开皇元年命高颎等人参酌前代法典撰定律令，其中《开皇令》于次年七月颁行。其篇目据《唐六典》载有二十七篇，依次是官品上下、诸省台职员、诸寺职员、诸卫职员、东宫职员、行台诸监职员、诸州郡县镇戍职员、命妇职员、祠、户、学、选举、封爵俸廪、考课、宫卫军防、衣服、卤簿上下、仪制、公式上下、田、赋役、仓库厩牧、关市、假宁、狱官、丧葬和杂。同晋令相比，仅保留了官品、祠、户、学、宫卫、关市、狱官、丧葬、杂及俸廪共

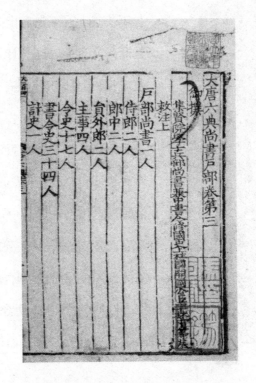

十篇，其余增删变更，变化较大，基本奠定了唐令的篇目和体系。

唐初在明诏施行开皇律令、实施五十三条新格的同时，李渊即命裴寂等人制定了《武德律》十二卷，《武德令》三十一卷。由于当时"诸事未定，边方尚梗，救时之弊，有所未暇"，故"大略以开皇为准"。其后，经贞观、永徽、麟德、仪凤、垂拱、神龙、太极、开元三年、七年及二十五年先后十余次删修，唐令至开元年间形成了总计达三十三篇的庞大规模。其篇目分别有官品、三师三公台省职员、寺监职员、卫府职员、东宫王府职员、州县镇戍狱渎关津职员、内外命妇职员、祠、户、学、选举、考课、封爵、禄、假宁、宫卫、军防、衣服、仪制、卤簿、乐、公式、田、赋役、仓库、厩牧、关市、医疾、捕亡、狱官、营缮、丧葬、杂。与开皇令对照，唐令在篇目上又做了许多分合裁并工作。如合并隋《诸寺职

员令》和《行台诸监职员令》为《寺监职员令》,分隋《封爵俸廪令》《宫卫军防令》和《仓库厩牧令》为《封爵》《禄令》《宫卫》《军防》《仓库》及《厩牧》六令,等等。所不同的是,唐令新增了乐、医疾、捕亡、营缮四篇令,但考虑到晋及梁陈令中已有医药疾病和捕亡二令,实际只增加了乐令和营缮令两篇。至此,中国古代令的发展已经成熟和定型。

3.唐以后因袭变化阶段

唐朝以后,五代中的后梁和后周虽然对令进行过修订,但基本与唐令一致,后唐更是行用唐令。辽代对"汉人则断

以唐律令"。宋代"法制因唐律令格式"，其最早制定的淳化、天圣两令，即据唐令修订而来。《玉海》卷六十六《诏令·律令下》云："太宗以开元二十五年所定令式，修为淳化令式。"《郡斋读书志》卷八则记有："天圣中，宋库、庞籍受诏改修唐令，参以今制而成，凡二十一门。"其篇目均沿自唐令，不过内容上增加了一些新的制度。

但是，自宋神宗"移敕于令"，有"令五十卷"，宋令开始发生较大变化。据《庆元条法事类》，南宋庆元令有三十七篇，篇名依次为官品、职员、祀、户、选举、考课、军防、仪制、田、赋役、仓库、厩牧、关市、疾医、捕亡、假宁、断狱、营缮、杂、封赠、赏、道释、河渠、服制、释、选试、给赐、文书、公用、吏卒、场务、辇运、军器、时、进贡、理欠、词讼。可见，宋令至此在沿袭唐令的基础上因时制宜地增加了一些新的篇名和内容。其后，与宋对峙的金于泰和元年制定《泰和令》。从《金史·刑法志》所记篇目来看,《泰和令》与《泰和律》是在参酌唐宋令的基础上制定的。

元朝在至元八年以前一直使用金《泰和令》。统一后没有颁行过律令法典，却有《大元通制》，其中"条格"的篇目依次为祭祀、户令、学令、选举、宫卫、

军防、仪制、衣服、公式、禄令、仓库、厩牧、关市、捕亡、赏令、医药、田令、赋役、假宁、狱官、杂令、僧道、营缮、河防、服制、站赤、榷货。其大部分仍是唐宋令的篇目，显著的变化是删除了唐宋以来一直居篇首的官品令和职员令，这一点恐怕直接影响到明令的篇目和体系。明初制定的《大明令》仅一百四十五条。从今存《大明令》来看，其篇目改以六部为名而与唐宋令迥异，但仍是有关国家事务的制度规范，而无具体处刑规定。因此，明令中实际存在着等同于唐宋令的规定，这是不能否定的。不过，此后明清两代再也没有修改制定过令典，

其原因尚待进一步探讨。

（二）令在中国古代法律体系中的地位

综观中国古代令的发展过程，可以看出，令是中国古代法律体系的重要组成部分，它同律一道，共同构成"律令法"体系。不仅如此，从国家治理角度来看，令甚至比律处于更重要的地位。因为古代刑律是关于犯罪和刑罚的规定，相当于现在的刑法，但刑事镇压毕竟只是国家职能的一个方面，而古代令典则是有

关国家政权组织及各方面政务活动的法律规范，其调整的对象范围远较刑律来得广泛，是国家日常治理的基本法律依据。诚如日本学者池田温所说："在律令中，用于对人民统治的，最重要的还是令。"因此，令在中国古代法律体系中居于十分重要的地位，具有如下特点：

第一，令在性质上属于制度性法律。

令的这一性质在秦汉尚不十分清楚，但魏晋以后，伴随着律令分野和独立的令典编撰，令的制度法性质日益明确并固定下来。从晋代杜预所说"律以正罪名，令以存事制"，到唐代人所说"律以正刑定罪，令以设范立制"，直到明初的《大明令》，令的这一性质一直得以保持而没有丝毫改变。具体到令的内容，它规定了古代国家政治、经济和社会文化生活中一系列必须遵循的制度，如国家的政治体制、经济制度、等级礼仪制度等等。因此，古代令属于命令性的制度规范，而律则属于禁止性的惩罚规范，两者在规范性质和功能上有原则性的界限。

令的这一特点，尤其可以通过律令关系反映出来。律和令二者的关系是"违令有罪则入律"。换言之，在很多情况下，律表现为对令的维护。以《唐律疏议》为例，其中有很多条文规定了对违令行为的刑事处罚。如唐《假宁令》规定"诸外官授讫，给装束假，其一千里内者

四十日，二千里内者五十日，三千里内者六十日，四千里内者七十日，过四千里者八十日，并除程。"如赴任官违反了这条令文，即构成唐律中的"之官限满不赴"罪，要受到"一日笞十，十日加一等，罪止徒一年"的处罚。又如唐《封爵令》规定立嫡时"无嫡子及有罪疾，立嫡孙，无嫡孙，以次立嫡子同母弟，无母弟，立庶子，无庶子，立嫡孙同母弟无母弟，立庶孙。曾、玄以下准此"。若违反，则构成唐律规定的"立嫡违法"罪，要处徒一年。特别值得注意的是，晋代以后刑律中还专门设立"违令罪"，用以惩处违反令条的行为。《唐律疏议·杂律》"违令"条云："诸违令者，笞五十。"注曰："谓令有禁制而律无罪名者。"可见，违令罪适用于那些刑律中没有单独规定罪刑的违令行为，它使得令的所有条文都受到了律的严格维护。这既反映了古代令与律的关系，同时也证明令在性质上属于制度性法律，而不是像有些学者所说的属于刑法。因此，中国古代法对法律部门的划分似不以调整对象为标准，而是从国家统治职能的角度，把法律划分为制度性法律和惩罚性法律两大部门，构成所谓律令法体系。这体现了中国传统法律文化的独特个性。

第二，礼法合一。

陈寅恪先生在谈到古代刑律时曾经指出："古代礼律关系密切。"可惜他没有进一步明言礼律关系到底如何，更没有涉及礼令关系。实际上，古代礼令关系更为密切。礼的根本原则是确立"亲亲、尊尊"的宗法等级制度，而古代令典在规定一整套国家制度的同时，更是赋予宗法等级制度以法律的效力。宋代人在概括唐令内容时明确指出："令者，尊卑贵贱之等数，国家之制度也。"析言之，唐令首先规定了社会的等级制度，不仅把全体社会成员划分为皇帝、享有法律特

权的贵族官僚、虽有独立人格但无法律
特权的庶人和没有独立人格的贱民四个
阶级，并严格规定其等级界限，而且对
统治阶级内部的贵族官僚在品级待遇、
土地占有、服饰礼仪、司法诉讼乃至丧
葬等方面也规定了明确的等级划分。其
次，等级制度同血缘宗法制度紧密结合。
表现在：一方面血缘亲属关系的等级划
分不是客观亲疏关系的简单反映，而是
受到人为宗法伦理的支配。如子女与父
母的血缘亲疏关系客观上相同，但父母
双方与子女的亲等关系在法律上却不平
等，子女服丧，对父亲是斩缞，对母亲
则是齐缞；儿媳对公公是斩缞，对婆母
则是齐缞。反之，父亲对长子是斩缞，
对其他众子则又是齐缞，等等。另一方
面，国家行政等级与宗法制度结合的结
果，行政权力、地位因血缘婚姻关系再
遵循等级制原则产生出新的权力地位等
级关系。如皇亲依法可以获得爵位和官

品，并且被依附者的地位越高，亲等关系越近，所得到的爵位及官品就越高。五品以上高官的儿子也可以凭宗法关系获得官品，其品级高低又依父辈官品的高低为转移。再次，唐令的许多条文简直就是礼的翻版。如礼讲君为臣纲，唐令规定："诸皇太子以下，率土之内，于皇帝皆称臣。"礼对亲属服丧有一定期限要求，《假宁令》规定："诸丧，斩缞三年，齐缞三年，齐缞杖期。为人后者，为父母并解官。"特别是《祠令》《衣服令》《仪制令》《卤簿令》《丧葬令》等事关礼制的令文更是以大量的法律规范直接固定了礼的内容，如若违反，则受到刑律的制裁。因此，如果说唐律是"一准乎礼"，即按照礼的精神来规定犯罪和刑罚问题，那么，唐令则是"礼法合一"，使礼的道德要求转化为法律的强制性规定。可见，深入研究礼令关系对于进一步探讨古代社会的礼法关系，揭示中国传统法律的

伦理法特质，无疑具有重要的法理价值。

最后，需要指出的是，中国古代令发展到唐朝，已经形成系统完备的法典。它同刑律一样，对东亚诸国产生了巨大的影响。日本大化改新后接受唐代法律影响最早就是从令开始的，日本《令集解》云"上宫太子并近江朝廷唯制令不制律"。其后，天武天皇制定《天武律令》，才开始有律。从此，唐代律令在日本开创了一个"律令时代"。因此，令不仅是中国古代法律的重要组成部分，同样也是中华法系的代表性法典。研究中国古代法及中华法系，我们决不能无视令的存在。只有这样，才能在法律史研究中得出全面而正确的结论。